ÉTUDE HISTORIQUE

TOIRAS

MARÉCHAL DE FRANCE

PAR

Adolphe PIEYRE

ANCIEN DÉPUTÉ

NIMES

LIBRAIRIE ANCIENNE A. CATÉLAN
Rue Thoumayne

1893

TOIRAS

MARÉCHAL DE FRANCE

PAR

Adolphe PIEYRE

ANCIEN DÉPUTÉ

NIMES

LIBRAIRIE ANCIENNE A. CATÉLAN

Rue Thoumayne

1893

Messire Jean de S.t Bonnet Seigneur de Toyras
Mareschal de France

TOIRAS

MARÉCHAL DE FRANCE

———⚊★⚊———

Le touriste qui va de Lasalle à Saint-Jean-du-Gard, découvre, sur sa droite, à quelques kilomètres de la première de ces localités, une ruine imposante connue dans le pays sous le nom de Castellas. C'est le château de Saint-Bonnet, qui a appartenu à l'illustre famille des de Caylar de Saint-Bonnet-Toiras. Ce manoir est juché au sommet d'un mamelon et domine la délicieuse vallée de la Salyndrinque ou Gardon de Lasalle. Un de ses côtés fait face au magnifique château de Calviac, tandis qu'un autre regarde les hautes montagnes de Colognac et du Lirou. Si le voyageur continue sa route, il rencontre sur la gauche après avoir passé les sites sauvages et mornes au milieu desquels s'élève le légendaire rocher du capucin, le hameau de Toiras, bâti autour d'une vieille construction qui n'est autre que le château qui a donné son nom au vaillant maréchal de France. Cet édifice d'un autre âge, à moitié ruiné, semble cependant conserver encore l'empreinte de ses souvenirs, car ses créneaux détruits, ses tours démantelées, ses fossés à moitié comblés, attestent encore la fureur des soldats de Rohan et la valeur de ses défenseurs commandés par Pison. Le château de Toiras (1) est situé dans un bas-fond dominé, de tous côtés, par de hautes montagnes, non loin de l'endroit où se réunissent les deux rivières du Gardon de Saint-Jean et de la Salyndrinque ; de larges fossés en défendaient jadis les abords, des murs élevés et bien crénelés le protégeaient et pour en venir à bout il fallut aux soldats de Rohan, commandés par le sire de Mialet, le fameux canon que les protestants de Nimes fournirent à ce prince rebelle et qu'on appelait CASSO LOUS ROCS (casse-rochers). Une source d'eau courante jaillit au milieu de la cour d'honneur ; un bel escalier, seul reste de son ancienne splendeur, arrête quelques instants le visiteur.

En 1793, grâce à l'énergie des habitants de la commune, l'antique séjour des Toiras fut à l'abri de la torche et de la sape des révolutionnaires qui criaient : GUERRE AUX CHATEAUX ! PAIX AUX CHAUMIÈRES ! Mais on ne put préserver de la rage des égalitaires une grande tour carrée qui couronnait une montagne voisine ; ils minèrent cette tour isolée et en firent un monceau de ruines. Pour marquer cependant de quelque manière leur passage devant le château qu'ils ne pouvaient détruire, ces vandales grattèrent avec soin au-dessus de la porte d'entrée, les armoiries de Toiras qui sont un écu écartelé contenant dans les quartiers deux lions et six fers de cheval. Quelques plantes grimpantes, s'efforcent seules aujourd'hui de cacher ces murs noircis et lézardés. Des figuiers sauvages poussent sur ces ruines, et semblent vouloir faire oublier par leur feuillage ces lugubres souvenirs.

C'est là, disent les uns que serait né Toiras, mais si l'on en croit Baudier, l'historien du maréchal, ce serait à

---

(1) Le château de Toiras appartient à M. Meyrueis, conseiller général de Lasalle. Aujourd'hui, on écrit *Thoiras* au lieu de Toiras, mais j'ai conservé cette dernière orthographe, qui est celle de Baudier.

Saint-Jean-du-Gard, le 1er mars 1585, que cet homme illustre aurait vu le jour. Il appartenait à la famille de Caylar, originaire du diocèse de Lodève, qui prit part aux croisades sous le roi Philippe-Auguste et sous la conduite du comte de Saint-Gilles. C'est par le mariage en secondes noces, en 1377, de Guillaume de Caylar avec Louise de Saint-Bonnet, fille de Saint-Bonnet, seigneur de Toiras, Saint-Bonnet, Saint-Jean de la Gardonnenque, La Forêt et autres lieux, que les descendants de la famille de Caylar adoptèrent le nom de Toiras, parce qu'il avait été stipulé à la mort de Louise de Saint-Bonnet, que cette dernière léguait ses terres à sa descendance, à charge de prendre son nom et ses armes.

Du mariage d'Aymar de Saint-Bonnet, onzième du nom, avec Emma-Françoise de Claret de Saint-Félix, dame de Palières (1), naquirent :

1° Jacques de Resteinclières, gouverneur de Clermont, Lodève, Lunel, sénéchal de Montpellier, mestre de camp d'un régiment de gens de pied ; sa fille s'allia à la maison de Nogaret-Calvisson.

2° Simon, seigneur de la Forêt, gouverneur du château de Foix.

3° Claude, abbé de Saint-Gilles, évêque de Nimes.

4° Jean de Toiras, maréchal de France, gouverneur de l'Auvergne, ambassadeur de France.

5° Paul, tué à l'ile de Ré.

6° Rollin, tué à la même affaire.

7° Françoise, dame de Mongros, de Bénézet.

8° Isabeau, dame de Lézignan.

___

(1) Françoise de Claret a été inhumée dans l'Eglise de Saint-Félix, canton de Lasalle. On y voit encore sa pierre tombale.

9° Marguerite, veuve du sieur de Brinon (1) , et remariée
à Jean II de Rovérié de Cabrières.

La famille de Toiras, comme la plupart des familles
nobles des Cévennes et du Bas-Languedoc, appartenait
à la religion réformée ; mais ses enfants adoptèrent, sauf
l'aîné, la foi catholique. Ils en furent punis par Rohan
qui ravagea les châteaux et domaines de cette famille.

Suivant la tradition de l'époque, tout gentilhomme de
bonne maison, tout beau damoiseau, faisait patronner par
de grands seigneurs son entrée dans le monde en s'atta-
chant à leur personne en qualité de page ; c'est ainsi qu'il
gagnait ses éperons de chevalier après quelque action
qui l'avait mis en relief. Aussi, voyons-nous le jeune
seigneur de Toiras dès l'âge de douze ans, être placé en
qualité de page chez son compatriote Gaspard Pellet,
baron de la Vérune, gouverneur de Caen. Mais il y resta
peu de temps, et dès qu'il fut façonné suffisamment aux
bonnes manières, il entra à la cour du prince de Condé.
Ce prince avait épousé Charlotte-Marguerite de Montmorency, dont la beauté faisait l'admiration de tout le monde,
mais particulièrement du roi Henri IV. Elle avait, dit la
chronique « la taille riche, les cheveux blonds, le teint
blanc et net, le visage accompli de toutes les parties qui
forment une véritable beauté ». Le prince inquiet de la
passion du roi, passa en Flandre pour mettre sa femme
plus en sûreté et de là en Espagne, estimant que la
barrière des Pyrénées serait plus difficile à franchir que
l'Escaut pour le roi vert-galant. Cela ne nous rappelle-t-
il pas un peu l'histoire du maréchal de Saxe et de

(1) Dans les *Lettres sur l'Education* de Madame de Maintenon, il est question
d'une Madame de Brinon, religieuse ursuline, qui a établi une pension à Montmorency ; Madame de Maintenon lui envoie des filles de pauvres gens à élever.
Ce fut là la première idée de Saint-Cyr.

Madame Favart? Le jeune Toiras l'accompagna en Flandre, mais refusa de le suivre en Espagne. Le roi Henri IV qui avait remarqué chez Toiras, les qualités les plus précieuses, un goût développé pour les exercices du corps, la passion de la chasse et du cheval, l'adresse, l'attacha à sa personne et l'admit à ses chasses. Un jour, nous dit Baudier, il laissa le duc de Montbason, grand veneur de France, le soin de courre tout seul le cerf, pendant qu'il allait s'entretenir dans un lieu solitaire avec Toiras, de la belle princesse de Condé, l'objet de son amour.

Henri IV eut le temps, avant de mourir, de lui laisser quelques charges, que son successeur Louis XIII lui maintint. Ce roi le prit à son service, lui fit 1500 livres de pension, à cause de ses talents cynégétiques, lui donna la meute des chiens pour le lièvre et le renard, que la mort d'un nommé Haran avait laissée vacante et l'année suivante, celle de fauconnier. Enfin il ne tarda pas à devenir lieutenant de la vénerie, puis capitaine de la volière. La fortune des hommes s'élève et s'appuye souvent sur des commencements médiocres, et Toiras semblait commencer comme Albert de Luynes (1), mais à son honneur, il ne consentit pas à rester comme ce dernier, toute sa vie, courtisan. Il avait des goûts plus élevés, et comme Montluc, qui lui ressemble par bien des côtés, les bruits de la guerre, les tressaillements de la gloire, les ardeurs de la mêlée l'attiraient loin de la cour et de ses pompes. Son naturel guerrier avait de la peine à souffrir les bornes du cabinet.

Et puis, cette vie voluptueuse, mêlée de plaisirs et

(1) Né à Pont-Saint-Esprit, dont son père était gouverneur Albert de Luynes était devenu le favori de Louis XIII, en dressant des faucons pour les chasses du Royal désœuvré.

d'intrigues, ce vain emploi domestique, convenaient peu au mâle caractère et à l'esprit de ce gentilhomme.

Il accompagne le roi au siège de Soissons, défendu par Mayenne. A son retour, en 1618, Louis XIII l'envoie en Espagne pour féliciter le roi de ce pays, de la naissance de l'Infant. Il remplit cette ambassade avec honneur et habileté. Pour le récompenser, le roi lui donna une des grandes charges de lieutenant de vénerie valant 30.000 livres. Mais, comme il n'était pas né pour de si doux exercices, il accepta avec empressement, dès 1620, un brevet de capitaine au régiment des gardes que lui envoya un jour Louis XIII dans un de ses moments de velléité de pouvoir, après le meurtre de l'italien Concini.

La reine-mère, mécontente de l'autorité que Luynes avait prise sur le roi, avait suscité la guerre civile. Une petite armée fut chargé d'aller réprimer ce soulèvement. Toiras assista avec sa compagnie au combat du Pont-de-Cé et au siège de Caen, contre les partisans de Marie de Médicis. Ses frères profitèrent de la faveur qu'il avait prise à la Cour, pour suivre sa bonne fortune. C'est ainsi que son frère Resteinclières, qui était resté protestant, fut nommé gouverneur du château de Foix, car, comme commandant de cette place de garantie, il fallait un huguenot pour remplacer celui qui venait de disparaître.

En 1621, La Forêt alla prendre la place de son frère et sut si bien se concilier l'estime des habitants, que la ville de Foix (que ses seigneurs avaient jadis décrétée huguenote) embrassa en masse le catholicisme. Chose bizarre, le premier qui se convertit fut un homme âgé de cent-dix ans.

Tandis que les protestants s'agitaient et que leurs chefs levaient des troupes et des subsides, demandaient des secours à la Hollande, à l'Angleterre et aux Etats protestants d'Allemagne, les paysans des Cévennes et les villes du Languedoc commençaient de leur côté les hostilités. Louis XIII sortant de son apathie, aiguillonné par Luynes, qui bien que pâlissant devant une épée s'était fait nommer connétable, rassembla une importante armée pour abattre les turbulents politiques.

Après les affaires du Pont de Cé et de Caen, Toiras est envoyé à Blaye pour surveiller la Guyenne et de là il se rend en Béarn avec le roi, pendant que Montmorency guerroyait avec succès dans les gorges des Cévennes.

II

Cependant le parti huguenot, travaillé par les deux frères Rohan et Soubise, avait ouvertement déclaré la guerre à l'Etat. Les prérogatives de l'édit de Nantes semblaient ne plus lui suffire ; il lui fallait le pouvoir, et l'influence, comme du reste de tout temps.

Pendant que Soubise s'emparait par ruse de l'ile de Ré et d'une partie de la flotte, dont faisait partie le célèbre navire « la Vierge » le plus puissant navire que l'on eût en France (1), le prince de Rohan, proclamé généralissime des troupes réformées par les députés des principales communautés des Cévennes réunis à Uzès, commandait en souverain le Midi de la France, ravageait les biens des catholiques, narguait Richelieu, promulguait des édits et faisait battre monnaie à Nimes et à Anduze. Les calvinistes étaient à cette époque militairement organisés ; plus de deux cents places leur appartenaient ; ils étaient un véritable état dans l'Etat ;

____

(1) *La Vierge* portait quatre-vingt canons de fonte verte. Cinq des vaisseaux pris par Soubise n'étaient que prêtés au Roi et appartenaient au duc de Nevers. La Vierge avait coûté plus de 200,000 écus. (Mercure français t. XI p 108).

ils comptaient en France sept-cent-soixante églises dont cent cinquante en Languedoc qui se divisaient en huit cercles ou colloques. Tout cela était plutôt une organisation politique qu'une organisation religieuse. Les Cévennes formaient une province et ses églises étaient partagées en trois colloques qui étaient : Anduze, Sauve et Saint-Germain de Calberte.

Henri de Rohan, à la tête de pareils éléments aurait pu alors imposer les conditions d'un traité et obtenir de Louis XIII tous les desiderata de la Réforme, sinon toutes ses exigences ; mais il avait l'âme trop fière, pour se laisser gagner comme le duc de Lesdiguières et le maréchal de Bouillon, et trop d'ambition pour ne pas continuer une guerre qui illustrait son nom en lui laissant entrevoir, comme jadis à Guise, un avenir plus glorieux encore. En même temps que ces évènements se passaient, les députés calvinistes rassemblés à la Rochelle, avaient proclamé la charte protestante sous le titre de : « LOI FONDAMENTALE DE LA RÉPUBLIQUE DES ÉGLISES RÉFORMÉES DE FRANCE. » Ainsi l'ambition et l'intrigue d'une part, le fanatisme et l'exagération de l'autre, semblaient concourir à compromettre la cause d'une religion qui n'aurait dû exiger que sa place légitime au soleil, la liberté de conscience et le droit d'exercer librement ses pratiques.

Les ambitieux et les mécontents vinrent se ranger sous le drapeau de la rébellion, et si la plupart rêvaient une République, leur aristocratique chef rêvait un protectorat, un trône peut être, comme le trahit son orgueilleuse devise :

Roi ne puis, prince ne daigne, Rohan je suis !

Mais hélas ! ironie de la Providence, les descendants de ce grand rebelle devaient être, l'un, un misérable général de Cour, qui se fit sottement battre à Rosbach et l'autre un prélat corrompu, compromis dans la célèbre affaire du collier de la Reine, vers la fin du règne de Louis XVI. Tandis que Toiras combattait les ennemis de la France, Rohan s'alliait aux Anglais pour détruire son pays. Le jeune capitaine aux gardes, à son retour du Béarn se rendit à St-Jean d'Angély, qui fut pris et rasé. De là, il fut envoyé au siège de Montauban où il se signala par son courage et son adresse. Les rapports de cette époque le désignent même comme ayant abattu d'un coup de fusil, Hautefontaine qui commandait dans cette place. Dans une lettre le roi l'appelle : « M. de Toiras, capitaine des carabins, arquebusiers, tireurs en volant et en courant. » Il étrennait par ce coup de maître, son grade de chef de la compagnie de tireurs au papegai (1). Il reçut à son tour une blessure, heureusement peu grave, qui ne l'empêcha pas d'aller assister au siège de Monheur en Guyenne.

De Montauban, Toiras prit une part active au siège de Montpellier. Il fut là, sous la direction du célèbre ingénieur italien Gamourini venu en France avec Concini et devenu français. Gamourini ajoutait à sa science la plus grande bravoure, ce qui faisait dire à Toiras : « L'ai ouy dire souvent au Roy que c'était un visage à mousquetades. » Il le fut tellement, qu'un jour, s'étant exposé plus qu'à l'ordinaire, pour montrer à Toiras son travail, une mousquetade perça le chapeau de Toiras, le lui emporta et alla tuer Gamourini qui était derrière lui. Les frères de Toiras, Paul Rollin et Laforêt avaient voulu accompagner leur aîné Jean à ce siège. Ils ne se quittaient pas plus que les quatre fils Aymon, de légendaire mémoire.

---

(1) Dès l'an 1300 le tir au papegay existait, à Nimes. Voir la curieuse étude d'Albin Michel, sur cette matière (Typogr. Clavel-Ballivet et Cie 1878), intitulée *Les roys du Papegay* à Nimes.

En 1628, pour le récompenser de ses services le Roi le nomme gouverneur d'Amboise, mais il ne resta pas long-temps dans cette place, et obtint le gouvernement du fort St-Louis, devant la Rochelle, qui venait de devenir vacant.

C'est de cette époque que date véritablement sa gloire militaire. Du fort St-Louis, il sait parfaitement quels sont les projets du parti calviniste de La Rochelle, et semblait prévoir la résistance future de cette ville; il fait part au cardinal de Richelieu de son projet de tenter un coup de main sur l'île de Ré, qui a été, comme nous l'avons dit plus haut, si habilement enlevée par Soubise. Pour cela il faut des navires; son frère Laforêt est envoyé en Hollande pour en acheter, et bientôt voilà Montmorency, grand amiral de France, qui vient prendre le commandement de la flotte royale, forte de cinquante-cinq voiles. Le 15 septembre 1625, il débarqua dans l'île de Ré un petit corps d'armée, auquel vint se joindre le vaillant régiment de Champagne, commandé par Toiras, qui venait de battre Soubise dans le Médoc et le Bordelais. A peine débarqué dans l'île, Toiras se jette sur les soldats de Soubise, qui en formaient la garnison, les met en déroute et les pousse, l'épée dans les reins, jusqu'au fort St-Martin qu'il enlève. Soubise fit retomber son échec sur le maire de la Rochelle, qui ne lui expédia pas à temps les renforts qu'il avait demandés. Pendant que cette action se passait sur terre, Montmorency remportait une éclatante victoire navale dans laquelle une dizaine de vaisseaux de Soubise furent pris, parmi lesquels LA VIERGE. Malheureusement trois vaisseaux français et un hollandais ayant voulu l'aborder, l'équipage de la VIERGE se défendit avec fureur, et préférant la mort à la prison, il fit sauter le navire, en mettant le feu à deux cents trente barils de poudre qu'il avait dans

ses cales. Les quatre vaisseaux qui assaillaient LA VIÉR-
CE s'abimèrent dans les flots avec elle. Tous les équi-
pages périrent parmi lesquels le comte de Vauvert (1).
Soubise et Guiton se retirèrent en Angleterre avec ce
qui leur restait de navires. Dans cette affaire Toiras prit
avec ses troupes un vaisseau ennemi échoué sur la côte,
trente-six canons quatre pierriers et deux drapeaux.

A la suite de ce fait d'armes le roi le fait gouverneur
de Ré et maréchal de camp. Il l'accompagne à Saumur et
à Nantes, où il reçoit une blessure à la jambe.

A peine est-il remis de sa blessure qu'éclata une
brouille entre l'Angleterre et la France. Les huguenots
en profitèrent pour susciter de nouveaux troubles. Un
gentilhomme du Bas-Languedoc, Saint-Blancard (2) avait
décidé le cabinet anglais à prêter secours aux réformés.
Le fat Buckingham, data de son bord, un manifeste
insolent ; il avait promis à Rohan de jeter trois corps
d'armée en France. Ce dernier, du fond du Languedoc,
répondit à l'appel de Buckingham par un autre manifeste,
dans lequel il avouait hardiment avoir appelé les étran-
gers. Tout cela contrariait fort Richelieu. Mais Toiras
veillait à l'ile de Ré. Il fit renforcer St-Martin de Ré, la
principale place de son gouvernement, quoiqu'ayant
commis la faute — dont heureusement ne sut pas profi-
ter Buckingham — de dégarnir le Fort-Louis, dont la perte
eût été désastreuse. Tandis que les Anglais s'apprê-
taient à la lutte, Soubise se rendit à la Rochelle avec un
secrétaire du roi d'Angleterre, mais les habitants de la
ville qui hésitaient encore devant le crime et le danger
de l'alliance anglaise et la fidélité au roi, lui en fermè-
rent les portes. Il fallut l'intervention de sa mère, la

____

(1) Frère du duc de Ventadour et neveu du duc-amiral Montmorency.
(2) Originaire d'Aimargues

vieille douairière de Rohan, objet d'une profonde vénération parmi les huguenots, pour qu'on lui ouvrit d'autorité une des portes où il fut introduit par la main dans la ville. Mais le Consistoire des églises de France s'étant prononcé pour l'alliance anglaise, la défense de la Rochelle fut résolue.

Toiras, voyant le danger et le poste d'honneur où il il se trouvait, convie tous les patriotes à sauver l'honneur de la France. Ses frères sont les premiers à répondre à son appel, et comme à Montpellier ils viendront combattre à ses côtés. Paul et Rollin seront directement sous ses ordres au fort St-Martin, La Forêt sera investi du commandement de Fort-Louis, et l'évêque de Nimes sera envoyé auprès de Richelieu pour obtenir des secours et faire comprendre la gravité de la situation.

Les Anglais sans attendre le retour de Soubise opérèrent une descente dans l'île de Ré. Toiras avait avec lui près de trois mille hommes d'élite, tant soldats que volontaires. Il vint charger les ennemis avec furie, comme ils débarquaient à la pointe de SEMBLANCEAU, et les refoula jusqu'à la mer ; mais vivement canonné par la flotte anglaise il se décida à la retraite, après une lutte acharnée, qui lui coûta cinq ou six cents hommes tant tués que blessés, et le double aux anglais (22 juillet 1627) parmi lesquels St-Blancard, mais aussi il perdit de son côté ses frères Paul et Rollin.

Toiras, alla ensuite s'enfermer dans la citadelle de St-Martin, pendant que Buckingham étonné de cette résistance se retranchait au bord de la mer, où il resta quatre jours sur la défensive. Toiras profita de ce temps pour augmenter ses approvisionnements et fermer en toute hâte les boulevards inachevés de la citadelle. Buckingham sortit de ses retranchements, pour marcher droit sur le bourg St-Martin, évacué par les français.

Il commit la faute de négliger le fort de la Frée à mi-chemin qui, mal pourvu de défenseurs et de munitions, eût forcément été pris. Maitre du village il commença le siège de la citadelle.

Les péripéties de ce siège mémorable méritent d'être rapportées. Elles montrent mieux que tout autre récit quelle était l'énergie et la force d'âme du maréchal.

Tantôt c'est Toiras qui paye la solde de ses hommes, au moyen de ses propres deniers et s'endette pour son pays et pour son roi ; tantôt c'est Buckingham qui étale en sa présence son fastueux luxe, alors que les assiégés étaient réduits au strict nécessaire. Baudier nous rapporte des traits sublimes de dévouement, parmi lesquels il convient de citer l'acte de dévouement de trois soldats s'offrant de communiquer avec les troupes du roi, qui se trouvaient sur la côte, en se jetant à la nage pour gagner la terre ferme. Le premier se noye, le second se lasse et se rend aux Anglais, le troisième, La Pierre, un gascon, arriva sur la plage malgré la mousquetade et une barque ennemie qui le suivait. Quand il était aperçu, il plongeait et nageait entre deux eaux, venant de temps en temps respirer à la surface. On le prit pour un marsouin et on l'abandonna ; mais il arriva à bon port tout meurtri et mordu par de gros poissons. La Forêt le reçut et lui fit donner une bonne gratification. Toiras annonçait qu'il serait contraint de se rendre, à moins d'un prompt ravitaillement. Les Anglais se signalèrent par leur cruauté. Ils jetaient à la mer, un bras attaché à une jambe, de peur qu'ils ne se sauvassent à la nage, les braves marins français, pris en essayant de faire pénétrer des vivres dans la citadelle ; ils avaient expulsé de l'ile tous les catholiques en état de porter les armes, et comme supplément d'infamie, ils chassèrent leurs femmes vers les fossés de la citadelle. Et, comme le gouverneur n'en ouvrait pas les portes, les Anglais tirèrent sur ces infortunées. L'une d'elle, abattue d'un coup de mousquet tombe à terre, mais ne mourut pas à l'instant ; elle eut encore le temps de donner à son enfant qu'elle portait dans ses bras, la mamelle pour l'apaiser, car le pauvre petit pleurait en entendant le bruit strident de l'arquebusade. La mère mourut, et l'enfant fut trouvé tétant après la mort de sa mère, recevant d'elle encore, la vie qu'elle n'avait point. Toiras n'eut pas le courage de laisser égorger ces pauvres créatures et les reçut dans la place malgré le danger de se charger de tant de bouches inutiles.

Buckingham, furieux de l'héroïsme de la petite garnison employait à la fois les armes les plus nouvelles et les plus surannées. Ses soldats jetaient des balles à feu, des grenades, de grosses pierres avec des mortiers ; quelques-uns des flèches, dont nos soldats se moquaient fort (1) tandis que l'artillerie française montrait une supériorité décidée sur ses adversaires. Il devint évident que Saint-Martin ne pouvait être pris de vive force, mais seulement réduit par la famine au moyen de blocus.

Sur ces entrefaites, Toiras tombe malade. Si son corps souffrait, son âme restait toujours inébranlable ; elle ne se laisse point abattre. De son lit de douleur, il adresse de magnifiques exhortations aux défenseurs (2). Buckingham, toujours prêt à faire parade d'une générosité chevaleresque, qui ne l'avait pas empêché d'avoir été cruel vis à vis de braves soldats, ayant appris sa maladie, lui envoie des melons. Toiras lui répond, en lui faisant parvenir des bouteilles de fleur d'oranger. Si au siècle des anciens, l'Amour et Mars ont vécu côte à côte, la va-

(1) *Mercure*, tome XIII, page 853.
(2) *Baudier*, pages 70, 71.

leur et la courtoisie étaient inséparables du beau Buckingham et du rude Toiras.

Cependant l'armée française, grossissait sur la plage.
Malgré l'intrigant Marillac, garde des sceaux, inter-
prète de Marie de Médécis qui était opposé à l'envoi d'un
renfort pour secourir Toiras qu'il jalousait, le cardinal
sur les instances de l'Evêque de Nimes se décida à orga-
niser aux Sables d'Olonne un convoi important destiné
au ravitaillement de la place. Il était temps de la secourir; les soldats étaient sans abri dans cette place inache-
vée ; les plus heureux avaient de mauvaises baraques en
bois où pénétraient le vent et la pluie ; mais si les assié-
geants avaient aussi beaucoup souffert, ils venaient de
recevoir un renfort de quatre mille anglo-irlandais. La
défense de Ré avait déjà un grand retentissement en
France. Les villes ouvraient des souscriptions en faveur
du « secours de Ré ». Par bonheur Buckingham, aussi
maladroit sur terre que sur mer, s'était obstiné à distri-
buer ses vaisseaux autour de Ré, au lieu de les employer à
bloquer les embouchures des rivières voisines. Les coups
de vents de l'équinoxe favorisèrent les français. Dans la
nuit du 7 au 8 octobre 1627, une escadrille de trente-cinq
barques à voiles et à rame chargée de tirailleurs, partit
au cri de : « Passer ou mourir ». Elle traversa la flotte
anglaise avec une audace et un bonheur inouïs, força
une estocade flottante faite avec des mâts et des cables devant le port de St-Martin, et apporta aux défenseurs de la
place des vivres pour six semaines et quatre cents hommes de renfort. Elle apportait aussi à Toiras une lettre
du Roi le louant de son courage et de sa patience (1).

La garnison témoigna par des marques bruyantes de
joie cette délivrance. Les soldats avaient arboré des jam-

(1) Baudier page 77.

bons et des quartiers de viande à l'extrémité de leurs armes et pour montrer qu'ils étaient non moins bien approvisionnés en munitions, ils firent une décharge générale sur les tranchées.

Buckingham, découragé, eût levé le siège s'il n'eût attendu un nouveau corps de 6,000 hommes et si les Rochelois ne l'eussent conjuré de ne pas les abandonner. Au lieu de six mille anglais, ce furent six mille français qui débarquèrent dans l'île, dans deux cents barques de transport rassemblées à Oléron, à Brouage et au Plomb. Buckingham, alors passant de l'abattement à une folle audace, tenta d'emporter St-Martin par une attaque désespérée. L'assaut fut repoussé par Toiras avec un grand carnage (6 novembre). Dans la nuit du 7 au 8 novembre, le maréchal de Schomberg, arriva en vue de St-Martin. Buckingham leva le siège. Toiras, après avoir embrassé son libérateur et lui avoir demandé des nouvelles du Roi, lui proposa de se mettre à la poursuite des anglais, prétendant qu'il n'en échapperait pas un. Mais Marillac (1). frère du garde des sceaux, et maréchal de camp sous Schomberg s'y opposa opiniâtrement. De tout temps malheureusement en France nos généraux se sont jalousés et contredits les uns les autres ! On perdit quelques heures à disputer et quand on se décida, la tête de l'armée ennemie avait déjà gagné l'île d'Oie, où elle se rembarqua. L'arrière-garde forte de 2,000 hommes tomba seule

(1) Toiras s'étant présenté chez le garde des sceaux, pour lui recommander un de ses compagnons d'armes, celui-ci qui lui gardait rancune du succès de l'expédition qu'il avait blâmée, lui répondit aigrement : « Vous êtes bien pressé, monsieur, de demander des récompenses. Vous avez bien servi le roi dans l'île, mais il y a plus de cinq cents gentilhommes en France qui en eussent fait autant. » — « J'espère qu'il y en a plus de deux mille, repartit brusquement le brave soldat, de même que je crois qu'il y en a plus de quatre mille capables de tenir les sceaux aussi bien que vous. » Et il sortit fièrement. Marillac ne lui pardonna jamais cette leçon si bien méritée et Toiras compta à la cour un ennemi de plus.

(De Balincourt, le *Maréchal de Toiras*, 1889. Gervais-Bedot, éditeur).

sous le coup des soldats de Toiras qui la détruisirent
tout entière et qui s'emparèrent des bagages, des chevaux,
de quatre canons et de quarante enseignes qui furent
envoyées à Paris.

Le roi félicia vivement Toiras de sa victoire et lorsqu'il
parut devant lui il se leva de table pour l'embrasser. Toute
la catholicité avait les yeux sur le siège de la Rochelle,
qui pendant ce temps se poursuivait. La prise de Ré,
combla de joie les défenseurs de la foi catholique, et tandis
que le Roi accordait à Toiras les biens confisqués du
rebelle Soubise et 100,000 écus, le Pape Urbain VIII lui
envoyait de Rome un bref de félicitations et le cardinal
Barberin, neveu de ce pontife, une lettre pleine d'éloges.
La Papauté comprit vite l'importance de cette victoire,
par le succès des opérations ultérieures devant la Rochelle, où Toiras continua à servir. Il était alors âgé de
quarante-quatre ans et en pleine possession de ses talents
militaires.

Toiras avait porté un coup mortel aux Rochelais ; mais
leur ville était très forte. Ils se résolurent malgré
cela à une résistance désespérée. Tous les efforts de
Richelieu se concentrèrent sur cette place. Le Cardinal
auquel Louis XIII avait délégué tout son pouvoir, se fit
général, ingénieur, administrateur. Pour couper toute
communication avec les Anglais, il fit construire une
digue de sept cent toises de longueur, toute hérissée de
forts et de batterie. La Rochelle se soumit enfin après
un siège de quatorze mois ; on démollit les remparts, on
abolit les privilèges municipaux de cette ville qui avait
été en révolte continuelle depuis Louis XII.

La prise de cette place, à laquelle Toiras concourut
vaillamment fit largement apprécier son mérite et le
couvrit de gloire.

Cet immense succès et la reddition de Privas qui s'était de nouveau révolté, des Vans, de St-Ambroix, d'Alais (1) et d'autres villes du midi, aboutirent à la paix qui fut signée à Alais le 27 juin 1629.

Ce fut la dernière paix de religion.

III

Pendant que Richelieu repoussait à l'Ouest les tentatives des Anglais et s'emparait de la Rochelle, des évènements importants auxquels fut mêlé Toiras surgissaient du côté des Alpes.

Vincent de Gonzague, duc de Mantoue et marquis de Montferrat était mort à la fin de 1627, ne laissant qu'une fille fiancée au comte de Réthelois, fils du duc de Nevers, son cousin et son héritier du sang. Le duc de Nevers s'empara immédiatement des Etats de Mantoue et célèbra le mariage du comte de Réthelois et de la jeune princesse. Il ne convenait pas aux Espagnols de voir un prince français posséder une souveraineté en Italie ; cela ne convenait pas mieux au duc de Savoie, Charles-Emmanuel qui convoitait le Montferrat. L'Espagne et le duc de Savoie s'unirent et envahirent le Montferrat dont la capitale Casal fut assiégée par leurs troupes réunies.

La place mal armée était défendue par le marquis de Beuvron, tandis que le marquis d'Uxelles tenait la campagne avec un corps de volontaires.

---

(1) On sait que Louis XIII, après la prise de St-Ambroix, campa à Salindres qui appartenait au baron d'Alais, puis, voulant se rapprocher de cette ville pour surveiller les travaux du siège, il quitta le château de Montmoirac pour loger au mas de Bouat, à côté duquel on a établi le pont suspendu des Tamaris ; cette métairie fut affranchie de redevance féodale à l'occasion du séjour du son hôte royal.

Spinola, qui commandait les Espagnols au siège de Casal avait peu de force et encore moins d'argent. Richelieu profita de cet état de faiblesse pour secourir Casal. Le Cardinal (1) franchit les Alpes accompagné de Louis XIII, le 15 Janvier 1629. Toiras passe le Taner et prend Roque-Vignal. Le prince de Piémont effrayé, demanda la paix et consentit à aller ravitailler Casal. C'est là ce qu'on appelle le premier siège de Casal. Le second allait couvrir de gloire Toiras.

Mais en octobre 1629, les Espagnols envahirent de nouveau le Montferrat et le Mantouan avec 45.000 hommes. Ils occupèrent sans coup férir les petites places de ce pays, et Spinola entreprit le siège de Casal, dont on avait nommé Toiras gouverneur (2). Richelieu qui était retourné en France repartit de Paris en novembre pour l'Italie, après avoir assisté à l'inauguration d'une église qu'on appela Notre-Dame-des-Victoires. Il était décidé à ne rien céder. Il voulait que l'empereur reconnut le nouveau duc de Mantoue. Il traversa la Savoie pour se rendre en Piémont. Dans le courant de 1630 il fut rejoint par le roi Louis XIII qui marcha de succès en succès, mais ne put arriver au but désiré qui était de ravitailler Casal. On apprit d'ailleurs que les allemands

(1) Il était, dit Pontis, revêtu d'une cuirasse de couleur d'eau et d'un habit couleur de feuille morte sur lequel il y avait une broderie d'or. Il avait une belle plume autour de son chapeau. Deux pages marchaient devant lui, à cheval, dont l'un portait les gantelets et l'autre son habillement de fête. Deux autres pages marchaient à ses côtés, et tenaient chacun par la bride un coureur de grand prix ; derrière lu était le capitaine de ses gardes. Il passa en cet équipage la rivière de Doire, ayant l'épée au côté et deux pistolets à l'arçon de sa selle et lorsqu'il fut passé à l'autre bord, il fit cent fois voltiger son cheval devant l'armée, comme s'il eût pris plaisir à faire voir qu'il savait quelque chose dans cet exercice.

(2) Lettre du Cardinal à Toiras approuvant ses entreprises (Baudier page 127) Lettre du roi à Toiras contenant ses intentions au sujet du Montferrat (Baudier page 128)· Lettre de Richelieu à Toiras l'avertissant de troupes allemandes en Italie. Mémoire de Thoiras au roi sur les affaires de Casal.

venaient d'entrer à Mantoue d'où le duc de Nevers s'était enfui.

Mais Toiras tenait toujours dans Casal qui ne fût complètement investi par les 30.000 hommes de Spinola que le 23 mai. C'est de ce moment que commence le véritable siège. Il approvisionne la ville, fortifie les points faibles de la place et rend la citadelle inexpugnable. Il fait tout cela à la barbe même de l'ennemi, mais ne put l'empêcher de s'emparer de plusieurs points avancés entre autres d'Auximiano dont la garnison obtint à cause de sa belle défense le privilège de sortir avec armes et bagages, et d'être renvoyée en France tandis que son chef Montauzier (1) était admis à retourner dans la place, avec trente hommes des plus braves de ses amis. Suivons pas à pas les faits mémorables de ce siège. Ce sont d'abord les infatigables sorties des assiégés, toujours victorieuses ; puis les cruautés des espagnols envers les blessés auxquels ils coupent les bras et les jambes et crèvent les yeux, nous raconte Baudier. La guerre devient sans quartier. Spinola était loin d'avoir la courtoisie toute toscane du marquis de Marignan, lorsqu'il faisait le siège de Sienne, si héroïquement défendu par Montluc, soixante-quinze ans auparavant.

Le général espagnol refuse d'expédier des vivres pour la nourriture des prisonniers faits par Toiras. Il consent bien à faire des échanges de prisonniers, mais tandis qu'il exige le renvoi des Français en France, il conserve les Espagnols. Toiras qui ne l'entend pas ainsi, lui fait cette caractéristique réponse : « Puisque vos soldats ne peuvent retourner dans leur patrie, je les enverrai dans l'autre monde. » On était loin, comme on le voit, de la

______

(1) Lors du premier siège de Casal, Montauzier qui était huguenot traversa chose curieuse, les lignes espagnoles sous le déguisement d'un Jésuite.

chevaleresque générosité de Marignan, qui envoyait jadis à Montluc, enfermé dans Sienne, du gibier et du vin pour fêter la Noël.

Les épreuves ne faisaient que commencer pour les assiégés. Plusieurs sorties sont annoncées aux assiègeants par des traîtres, dont l'un les annonçait à Spinola en agitant un mouchoir du haut des remparts, et dont l'autre, un tambour montferrin envoyé le jour auparavant au camp ennemi, avertit celui-ci d'une sortie de Toiras. A côté de cela, ce sont des actes de bravade de la part de nos officiers qui vont, après souper, danser et boire sur un bastion avancé, sous le feu même de l'ennemi, qui saisit cette occasion pour les en punir en faisant sauter une mine, à laquelle Toiras répond par l'explosion d'une contre-mine non moins meurtrière. Puis, c'est la valeur d'une jeune fille de Casal, âgée de vingt ans, Francesca, qui en quinze jours, tua deux soldats et en blessa plusieurs. Elle poursuivit même un allemand qui l'avait blessée et le tua. Toiras la récompensa par quatre payes et quelques pistoles et depuis elle tire la même paye, dit Baudier, ayant eu la gloire d'avoir fourni à l'Italie une amazone.

Quelques anecdotes que rapporte Baudier, qui assistait à ce siège, nous montrent l'acharnement de la lutte. Je ne peux résister au désir de transcrire ici son récit :

« Les jeunes enfants de Casal se divisèrent en deux bandes et faisant dans la ville deux partis contraires, l'un de français, l'autre d'espagnols élirent deux chefs pour les commander ; à l'un ils donnèrent le nom de Toiras et l'autre celui de Spinola. Ils étaient armés de roseaux et de grosses cannes en forme de piques, marchant par la ville en ordonnant la bataille. Ils se rencontrèrent, en vinrent aux mains, et par ces combats qui devaient être innocents entre eux, versèrent le sang de plusieurs. En

un d'eux la bataille s'étant donnée, le feint Toiras s'attacha au feint Spinola, ils se battirent et Toiras tua Spinola,
d'un coup de roseau dans l'œil. »

Autre fait :

« Un de nos sergents qui combattait presque en toutes
les sorties nourrissait un gros chien qui ne manqua
jamais de le suivre aux combats et attaquait les ennemis
avec les dents, comme son maître les assaillait avec
l'épée. Un jour le sergent étant sorti et son chien avec
lui, il rencontra un espagnol qui avait aussi un chien de
même taille. Ils s'attaquèrent vivement et le combat qui
ne devait être que de deux, se trouva de quatre ; les chiens
s'acharnèrent l'un contre l'autre, tandis que les maitres
étaient aux mains. Le chien de Cazal étrangla celui de
dehors et le sergent tua aussi l'espagnol. »

Et enfin l'incroyable histoire suivante :

« Pendant que Toiras était bloqué dans Cazal, il était en
peine de faire avertir le roi de l'état de la place. Quelques-
uns de ses soldats les plus résolus s'offrirent de sortir.
Une femme de Grenoble qui était alors dans Cazal en
voulut être et osa bien hasarder sa vie et commettre son
honneur. Or quoique la valise de ce messager femelle
fut un peu sale, nous remarquerons pour chose extraordinaire le stratagème dont elle usa pour sauver une lettre
et le plan des attaques des ennemis et de nos défenses,
couverts d'une peau déliée, qu'elle portait hors de Cazal,
faits en papier et en petits espaces. Comme elle eut reçu
et fut prête à partir de la ville, elle les mit dans la honte
de son corps, et couvrant cette partie d'un emplâtre de
médicament propre aux disgrâces de ce lieu-là, elle s'en
va clochante à l'armée des ennemis pour passer outre. On
l'y arrête, on la fouille, on l'interroge, elle ne se trouve
chargée en apparence que de la puanteur de son emplâtre.
A peine est-elle échappée de cette première rencontre,

qu'elle tombe entre les mains de quelques soldats espagnols qui l'arrêtent et la retroussent, mais lorsqu'ils vou-
lurent fouiller à la bougette de la lettre, non par curio-
sité d'affaires mais par lubricité de mœurs, elle se mit
aux hauts cris, non de honte, mais de douleur extrême
qu'elle feignait, maudissant les français de Cazal, qu'elle
disait lui avoir donné la vérole ; la pâle couleur de sa face
maigre et défaite le faisait croire ainsi. Ces soldats s'arrê-
tèrent de lui faire du mal, de peur d'en prendre, et cette
femme passa sans être violée, à travers une armée d'Allemands , d'Italiens et d'Espagnols ; un seul emplâtre
protégeait mieux son honneur que n'eussent su le faire
dix mille hommes de guerre ; de cette sorte elle employa
ce qui sert à perdre les hommes, au salut de plusieurs
et à la délivrance d'une des plus importantes places de
l'Europe. »

Toiras n'était pas au bout de ses peines. L'argent lui
fait défaut. Il fait fondre sa propre vaisselle, et comme les
banquiers se refusent faute d'espèces à payer les traites
du cardinal, il fait fondre aussi un vieux canon et crée
ainsi trente mille écus de monnaie, dont Baudier, nous
donne les différents types. Cette monnaie doit être rem-
boursée à la paix, mais le tiers de cette somme est pré-
cieusement conservé, comme souvenir, par nos soldats.

Les maladies contagieuses se déclarent dans la place ;
Toiras est lui-même atteint. Il ne se démonte pas et
exhorte les défenseurs dans une proclamation à lutter
jusqu'à la fin. Spinola voyant son camp ravagé de son
côté par la contagion, pousse activement le siège. Il cri-
ble la ville de grenades, de boulets et de grosses pierres lancées par des pierriers ; les deux neveux de Toiras,
de Merveil et de Brinon essayent de sortir pour aller demander du secours au cardinal, mais ils périssent dans
cette tentative. Les munitions s'épuisent et la ville n'a

plus de vivres que jusqu'au 25 septembre. Et les renforts n'arrivent pas! C'est alors qu'un événement inattendu se présente. Un jeune gentilhomme romain, Julio Mazarini, député du Pape, était parti à la rencontre de Richelieu. Il avait été envoyé par le Saint-Père pour prêcher l'union des princes. Il se présente au camp de Spinola et propose une trève, basée sur ces conditions : Toiras gardera la citadelle tandis que la ville et son château seront livrés à Spinola et si le 31 octobre l'armée de délivrance n'a pas paru, la citadelle sera abandonnée aux Espagnols; dans le cas contraire, les Espagnols évacueront la ville et le château.

Toiras accepta ces propositions à contre-cœur, car il avait appris par un gentilhomme qui s'était introduit dans la citadelle, déguisé en seigneur autrichien, qu'on formait une armée de secours sous le commandement de Schomberg pour délivrer la place.

Sur ces entrefaites Spinola tombe gravement malade. Toiras, apprend qu'il va mourir. Il va le visiter et ces deux hommes de guerre montrent par les paroles qu'ils échangent, combien ils s'estiment réciproquement :

« Qu'on me donne, disait le général espagnol, cinquante mille hommes aussi vaillants et aussi bien disciplinés que les troupes que M. Toiras a formées, et je me rendrai maître de l'Europe. »

Enfin les troupes des maréchaux de Schomberg et de la Force paraissent le 26 octobre en vue de Casal. Les Espagnols se fortifient dans leurs retranchements. Les français vont s'élancer sur l'ennemi; les canons de la place tonnent, quand on vit Mazarini se jeter au galop de son cheval entre les lignes et s'écrier : la paix, la paix! Les soldats étaient si animés que plusieurs tirèrent sur lui et qu'il n'arriva pas sans grand danger jusqu'aux maréchaux et sans cette intervention nul doute

que l'armée espagnole prise entre deux feux n'eût été
anéantie. Aussi les soldats ne la pardonnèrent-ils pas
dans la suite à l'habile diplomate italien. Les Espagnols
évacuèrent la ville le 28 et la remirent au duc de Mantoue, qui devait cependant recevoir l'investiture de l'Empereur. Richelieu venait ainsi d'obtenir en Italie le succès qu'il avait cherché. Et le dénouement dramatique du
siège de Casal eut beaucoup de retentissement et commença la fortune de Mazarin.

IV

La paix ayant fait déposer les armes aux parties belli-
gérantes, Toiras nommé ambassadeur extraordinaire,
en négocia les conditions, au nom de la France, entre le
duc de Savoie et le duc de Mantoue et signa les trois
traités de Cherasco, qui terminèrent la guerre d'Italie.

« On prétend, disait plaisamment le duc de Guise, que
Saint-Roch est devenu saint à force de faire des mira-
racles ; pour M. de Toiras, il deviendra maréchal de
France, à force de faire de belles actions. »

Guise avait dit vrai, sa prédiction se réalisa. Louis XIII
pour récompenser sa bravoure le nomma par lettres du
19 décembre 1630, maréchal de France, lieutenant de ses
armées en Italie et chevalier de l'ordre du Saint-Esprit.

Parvenu à l'apogée de sa gloire, comblé d'honneurs,
honoré de tous, le maréchal de Toiras trouva sur ses
pas un envieux omnipotent, ennemi qu'il fut impuissant à
combattre : c'était l'homme de génie, qui COUVRAIT TOUT
DE SA SOUTANE ROUGE. Le mérite du maréchal fut son seul
crime auprès de l'ombrageux cardinal, qui mécontent de
a faveur que lui donnaient ses services, l'immola à sa

jalouse ambition. Il portait ombre à Richelieu ; il fut fauché comme tant d'autres. Et cependant Toiras, fidèle à son roi, avait repoussé avec indignation les propositions de la reine-mère et de Gaston d'Orléans, qui voulaient faire de lui un nouveau Concini. Il avait même poussé la fidélité jusqu'à remettre au Roi, sans l'ouvrir, une lettre que Gaston d'Orléans lui avait écrite à ce sujet. Le rôle de grand révolté ne convenait ni à son caractère, ni à son patriotisme. Il le laissa à Montmorency, qui l'expia du reste cruellement dans la suite, mais qui avait malheureusement entraîné avec lui, une partie importante de la noblesse et du clergé du midi. Le frère aîné de Toiras, Jacques de Resteinclières et l'Evêque de Nimes, prirent parti pour Montmorency. Toiras en fut vivement affecté. On pouvait croire en effet qu'il était de cœur avec eux. Il se défendit des accusations de ses ennemis, en écrivant au Roi et au cardinal une lettre, pour désarmer ses frères et affirmer de nouveau sa fidélité. Richelieu lui répondit par deux lettres (1), un peu vives, mais qui contribuèrent à le rassurer. Quant à Louis XIII, il lui répondit plus cordialement, lui donna le gouvernement de l'Auvergne, après avoir pardonné à ses frères (2). Jamais le roi, n'a mieux mérité le nom de juste qu'à cette occasion.

Mais de nouvelles épreuves l'attendaient. Sur quelques basses calomnies anonymes de ses ennemis, le vain-

---

(1) « Monsieur, lui écrivit-il, je connois bien vostre humeur et je respondrais jamais que vous ne soyez pas sujet à quelques colères passagères et quelquefois mal fondées, mais bien qu'on ne verra de vous que ce qu'on doit attendre d'un homme de bien. »

Dans sa seconde lettre, il lui disait : « C'est à vous à remettre votre esprit en la confiance qu'il doit être et donner lieu au Roy de l'avoir ainsi de vous. Je vous assure que la disposition y est entière et que le tout dépend de vostre conduite. »

(2) L'Evêque de Nimes obtint son pardon moyennant la démission de son évêché. Il se retira à Montpellier où il possédait la prévôté de la cathédrale et mourut en 1642.

queur de Ré et de Casal, est sur le point d'être arrêté.
Tombé en disgrâce, il fut privé de ses pensions et de ses
gouvernements. Réduit à la misère, il reçut la plus géné-
reuse hospitalité du pape Urbain VIII et du cardinal
Barberini.

Les ennemis de la France, essayèrent bien à ce moment d'exploiter son infortune et de lui faire tirer l'épée
contre sa patrie; mais Toiras ne voulut pas être un traî-
tre comme le connétable de Bourbon et aima mieux être
malheureux qu'infidèle. Il resta éloigné de la France
sans proférer une plainte et visita différentes contrées de
l'Europe.

Après la bataille de Nordlingen, un pays ami de la
France, connaissant les vertus militaires de l'illustre
proscrit, utilisa sa vaillante épée et le prit à son
service. Victor-Amédée, duc de Savoie, alors ligué avec
Louis XIII contre l'Espagne qui était le bras droit de
la maison d'Autriche, leva une armée contre l'espagnol
et, avec l'agrément du roi, en donna le commandement
au maréchal en disgrâce. Toiras, envahit aussitôt le
pays ennemi, mais en attaquant la place de Fontanette (1)
dans le Milanais, il trouva la mort du brave en faisant une
reconnaissance auprès de la brèche, le 14 Juin 1636,
mourant les armes à la main dans le service du roi,
ainsi qu'il l'avait toujours désiré.

Après qu'il eut expiré, ses soldats en pleurs, rapportent
les chroniques du temps, trempèrent leur mouchoir dans
le sang de sa plaie, en disant que tant qu'ils le porteraient
sur eux, ils seraient invincibles. Son corps fut transporté
à Turin et inhumé dans l'église des Capucins-du-Mont

(1) Je possède dans une collection une gravure représentant la mort de Toiras
devant Fontenette et cinq portraits différents du maréchal, dont 4 de l'époque (très
rares).

avec les honneurs militaires dûs à son grade. Et les gens de guerre d'au delà les monts tiennent le monument de Toiras comme le temple de la valeur. Riche, il avait toujours usé de sa fortune, en grand seigneur ; pauvre, il n'avait jamais cessé d'être charitable et bon. La modestie de Toiras égalait sa valeur. Lorsqu'il racontait ses exploits il parlait toujours de lui à la troisième personne en disant vaguement : «Celui qui commandait...»

Il se mettait souvent en colère, passion assez fréquente chez les grands guerriers et les hommes de génie, ce qui ajoutait encore à sa ressemblance avec Montluc. Son jugement était excellent ; il parlait peu et agissait beaucoup. Sa taille était assez élevée, sa constitution forte, ses cheveux bruns, sa force herculéenne. Malgré sa vivacité, ses précieuses qualités du cœur avaient su le faire aimer et estimer de tous ceux qui l'approchaient.

La maison de Toiras est aujourd'hui éteinte, mais on trouve, à la fin du XVIIe siècle qu'elle était représentée par François de Bermond du Caylar de Saint-Bonnet, marquis de Toiras (1), capitaine des chevaux-légers-dauphins, brigadier des armées du Roi, qui mourut des blessures qu'il reçut au combat de Leuze, le 19 septem-

---

(1) Sa fille Marie-Louise Nicole du Caylar, de Toiras d'Amboisé, comtesse d'Aubijoux, s'unit au duc de Larochefoucauld.

Les biens de la famille Toiras ont passé aux de Claret. Chose curieuse la presque totalité des biens désignés dans le testament de 1565 sont allés à M. de Claret, grand père de M. Ernest Blouquier, propriétaire du château d'Algues, près Lasalle. M. de Claret était propriétaire de son vivant de la Seigneurie ou château de Saint-Jean du Gard que son père a vendu aux de Cohorn, qui sont, encore en possession du portrait authentique du maréchal ; du château de Toiras qui fut donné à Mme Meyrueis, sa fille ; et de tous les domaines de Claret qui sont encore la propriété de la famille Blouquier.

La famille Blouquier possède le testament du marquis de Saint-Bonnet, daté de 1565 par lequel le marquis de Saint-Bonnet (grand-père du maréchal) déclarait appartenir à la religion réformée ; il donnait à son fils aîné le château de Saint-Bonnet, la Seigneurie de Saint-Jean du Gard et le château de Toiras, alors qu'il donnait à son fils cadet le château de Rastinclière diocèse de Montpellier. Il stipu-

bre 1691. A l'occasion de cette mort madame de Sévigné écrivait ces lignes :

« Ce m'est une religion que la vénération que j'ai pour cette maison. Le sentiment m'est inspiré depuis ma tendre jeunesse, et j'ai appris, par la même tradition, que le maréchal eût épousé ma mère, si la mort n'eût emporté ce héros. »

Nous verrons sans doute, un jour, Saint-Jean du Gard prendre l'initiative d'une souscription publique pour élever, sur une de ses places, une statue au plus illustre de ses enfants, et le gouvernement contribuer pour sa part à acquitter une dette de reconnaissance envers une de nos gloires nationales. Nous verrons aussi Nimes, qui a donné des noms d'hommes célèbres et d'illustres guerriers originaires de notre département à un grand nombre de ses rues, réparer l'oubli qui a été fait, du nom de Toiras et l'associer dans une même auréole de gloire aux noms de Montcalm, de Brueys et de d'Assas. A notre époque où les grands caractères sont si rares,, il était bon de faire connaître à nos concitoyens la vie si noble et si bien remplie d'un illustre soldat.

---

lait qu'en cas de mort, sans héritier mâle, toutes ses propriétés et titres étaient à sa femme à charge par elle de les laisser au fils cadet s'il s'en montrait digne.

Le fils aîné étant mort sans enfants, la totalité des biens revint au fils cadet Aymar, qui épousa Emma Françoise de Claret.

Les papiers de la famille de Toiras et de Claret sont renfermés dans plusieurs caisses au château d'Algues.

Imp. B. Guillot, Boul. Amiral-Courbet, 10. — Nîmes.

www.ingramcontent.com/pod-product-compliance
Lightning Source LLC
Chambersburg PA
CBHW051732050726

47598CB00003B/1153